PABLO A JIMÉNEZ

LIDERAZGO
Vital

TRECE ENSAYOS
SOBRE TEOLOGÍA Y LIDERAZGO PASTORAL

2022 Liderazgo Vital
Copyright © 2022 por el autor Pablo A. Jiménez
Publicado por Prediquemos Inc.

ISBN: 979-8-9867726-1-5

Clasifíquese:

Liderazgo

Liderazgo pastoral

Dedicatoria

Este libro va dedicado con agradecimiento y respeto
al liderazgo de la Asamblea Apostólica de la Fe
en Cristo Jesús en los Estados Unidos, México
y el resto de América Latina.

¡Paz de Cristo para ustedes!

Tabla de Contenido

Presentación

Escuché por primera vez al Dr. Pablo A. Jiménez en una clase de liderazgo en California y me impresionó. Su visión afirmó las percepciones que yo tenía sobre el ministerio pastoral. Desde entonces escuchó sus enseñanzas como un discípulo dispuesto a aprender y crecer.

El Dr. Jiménez, por medio de su aporte a nuestra vida y ministerio, nos ha marcado para bendición. Indudablemente es un hombre al que todos debemos oír para avanzar hacia el futuro que Dios tiene para nosotros. Por ello recomiendo ampliamente este manual sobre liderazgo pastoral. Sé que bendecirá sus vidas, les enriquecerá espiritualmente y les desafiará a crecer en su liderazgo. Cada tema será desmenuzado por este hombre experto en la Palabra de Dios, cuya experiencia en la práctica ministerial también le enriquecerá extraordinariamente.

Obispo Elías Páez de la Cerda

Mazatlán, Sinaloa, México

Introducción

En el año 2000, cuando cumplía 20 años en el ministerio activo, tuve el honor de ser nombrado *Pastor Nacional para Ministerios Hispanos* de la *Iglesia Cristiana (Discípulos de Cristo) en los Estados Unidos y Canadá*. Hasta el momento de mi elección, yo me había destacado por mi trabajo en el campo de la educación teológica.

Un buen día, cuando visitaba *la Iglesia Cristiana «Casa de Oración»*, en San Diego, California, su pastor, el Rev. Xosé Escamilla me dijo una frase que cambió radicalmente mi ministerio: «Tú sabes mucho de teología, pero no sabes nada de liderazgo». Entonces, procedió a regalarme una copia del libro titulado *Las 21 leyes irrefutables del liderazgo*, escrito por John Maxwell.

Escamilla tenía razón, mi conocimiento sobre el tema del liderazgo era mínimo. A pesar de tener dos maestrías y un doctorado, yo nunca había participado en un curso de liderazgo. Por esta razón, tomé su exhortación como un mensaje de Dios para mi vida. Si hoy les presento con humildad y amor estos trece ensayos sobre el liderazgo cristiano, se lo debo a la amonestación y el consejo del Rev. Escamilla. ¡Gracias, Xosé!

La estructura de este libro no puede ser más sencilla. Comienza con un ensayo sobre principios para el liderazgo pastoral en tiempos de crisis, escrito en respuesta a la situación provocada por la pandemia que sufrimos desde comienzos del 2020. Continúa con la sección titulada «Aspectos teóricos del liderazgo», con siete artículos que definen conceptos básicos de la disciplina y ofrecen consejos prácticos sobre el ministerio pastoral. Concluye con la sección titulada «Aspectos teológicos del liderazgo», con cinco meditaciones de corte pastoral sobre el tema.

Les presento este sencillo libro introductorio esperando que tenga un efecto similar al que tuvo el consejo del Rev. Escamilla en mí: Que les inicie en el estudio del liderazgo y les anime a profundizar en el tema.

Pablo A. Jiménez

Octubre 2022

PRIMERA PARTE

CÓMO PASTOREAR
EN MEDIO
DE UNA CRISIS

CÓMO PASTOREAR EN MEDIO DE UNA CRISIS

L a crisis provocada por la pandemia que ha afectado al mundo desde el 2020 llegó sin pedir permiso, afectando nuestras vidas de maneras insospechadas. ¿Quién iba a imaginar que los gobiernos de distintos países alrededor del mundo les ordenarían a millones de personas a quedarse encerrados en sus hogares por varias semanas para evitar contagiarse con un virus mortal? ¿Quién iba a pensar que la economía mundial sufriría una crisis más aguda que la Gran Depresión?

Las restricciones sociales impuestas por los gobiernos también han afectado las actividades de las Iglesias. La prohibición de las reuniones públicas ha causado el cierre de templos en casi todo el mundo de habla hispana. Esto nos lleva a preguntar: ¿Cómo pastorear en medio de una crisis?

En este breve ensayo ofrecemos siete principios para orientar su ministerio en tiempos de crisis. Los ofrecemos con amor y humildad, esperando que sean de bendición para la vida y el ministerio de todas las personas que puedan leer este escrito.

SIETE PRINCIPIOS PARA ORIENTAR SU MINISTERIO EN TIEMPOS DE CRISIS

Para ministrar de manera efectiva en medio de una crisis, una Iglesia local debe observar los siguientes principios.

I. Un claro sentido de visión y misión

El ministerio de cada Iglesia cristiana debe estar orientado por una visión tan llamativa como pertinente.[1] La visión es la visualización de la misión que debe cumplir la Iglesia para agradar a Dios y para servir a los demás. Dicho de otro modo, la visión es la visualización de la voluntad de Dios para una congregación en particular.

Claro está, la misión general de la Iglesia cristiana es proclamar el Evangelio al mundo, de manera que cada ser humano sea evangelizado para que logre establecer una relación personal con Dios por medio de la Obra de Jesucristo, en el poder del Espíritu Santo. La Iglesia debe encaminar a los nuevos creyentes en un proceso de discipulado, consolidación y formación espiritual. Además, debe ofrecer cuidado pastoral a todas las personas que buscan orienta-

---

[1] Para profundizar en el tema de la visión, véase a George Barna, *El poder de la visión* (Buenos Aires: Peniel, 2002); y a Andy Stanley, *Visioingeniería* (Miami: UNILIT, 2001).

ción, consejo y ayuda. Repito, esta es la misión general de la Iglesia cristiana y, por lo tanto, la misión de toda congregación. Aunque en el Nuevo Testamento encontramos varios pasajes bíblicos que hablan sobre la misión de la iglesia, Mateo 28.18-20—el pasaje bíblico conocido como «La Gran Comisión»—la describe de manera magistral.

> *18 Jesús se acercó y les dijo: «Toda autoridad me ha sido dada en el cielo y en la tierra. 19 Por tanto, vayan y hagan discípulos en todas las naciones, y bautícenlos en el nombre del Padre, y del Hijo, y del Espíritu Santo. 20 Enséñenles a cumplir todas las cosas que les he mandado. Y yo estaré con ustedes todos los días, hasta el fin del mundo.» Amén.*

Habiendo identificado la misión *general* de la Iglesia, afirmamos que toda congregación también debe comprender cuál es su misión *específica*. Si Dios ha permitido el establecimiento de una Iglesia local en una comunidad específica, es porque Dios tiene un plan particular para esa congregación. Por lo tanto, la visión es la respuesta a las siguientes preguntas: ¿Cuál es la voluntad de Dios para nuestra Iglesia local? ¿Cuál es el futuro que Dios prefiere para nuestra congregación?

En mi opinión, Dios desea que cada Iglesia local sea excelente en, por lo menos, un área específica del ministerio cristiano. ¿Cuáles son estas áreas? Las disciplinas pastorales básicas son:[2]

---

[2] En esta sección seguimos a John R. W. Stott, *The Living Church*. Downers Grove, IL: InterVarsity Press, 2007.

- **La adoración:** La palabra griega para adoración es «leitourgeia». Es por medio de la experiencia de la adoración que el creyente se relaciona con la proclamación de la Palabra de Dios, con la celebración de las ordenanzas o sacramentos, y con la presencia del Espíritu Santo.

- **La proclamación y la predicación:** El Nuevo Testamento usa la palabra griega «kerusso» para referirse a la comunicación de las buenas noticias del Evangelio de Jesucristo. Hay varias maneras de proclamar, entre las cuales se destaca la predicación.

- **La evangelización:** Otro término griego relacionado a la proclamación y es «euangelizthestai». Proviene de la palabra griega «euaggelion», que significa literalmente, la buena («eu») noticia o mensaje («aggelía»). «Euangelizthestai» significa «evangelizar». Se refiere a la predicación dirigida a las personas no creyentes, a quien Dios llama a la fe.

- **La formación espiritual:** «Didasko» quiere decir «enseñar»; «didache», enseñanza o doctrina; y «didaskalia» también quiere decir enseñanza. «Didáskalos» significa «maestro». El Nuevo Testamento usa esta familia de palabras para referirse al ministerio educativo de la Iglesia, que da formación espiritual a los y las creyentes, fomentando la práctica de las disciplinas espirituales.

- **El consejo pastoral:** «Noutheteo» es uno de los muchos vocablos griegos que sientan las bases bíblicas del consejo pastoral. Significa amonestar, advertir, reprender y exhortar.

- **La mayordomía:** La palabra griega «oikonomía»—de donde proviene el vocablo español «economía»—significa «mayordomía» y «administración». Literalmente, quiere decir la ley («nomos») de la casa («oikos»). Dios le ha delegado a la humanidad la responsabilidad de administrar el mundo creado (Génesis 1.27-30 y 2.15). El liderazgo de la Iglesia tiene la responsabilidad de «administrar» los misterios de Dios (1 Corintios 4.1).

- **El compañerismo cristiano:** El vocablo griego «koinonia» quiere decir «tener cosas en común», es decir, ser «condueños» de alguna propiedad u objeto. Se traduce como comunión, participación y compañerismo. El Nuevo Testamento usa este concepto para recalcar el compañerismo que debe experimentar la Iglesia, como comunidad de fe. Por medio de la fe, también tenemos comunión con Dios, con Jesús y con el Espíritu Santo.

- **El servicio:** En cierto sentido, todas las prácticas pastorales enumeradas hasta este punto pueden resumirse en el concepto «diakonía», que se traduce como «servicio» y «ministerio». Aunque el concepto tiene un origen humilde, pues la palabra «diákonos» quiere decir «mesero», la Iglesia tomó esta familia de palabras para referirse al ministerio cristiano, que busca servir a Dios, a la Iglesia y a la comunidad.

Aunque toda Iglesia local debe ser eficiente en estas áreas, es sencillamente imposible destacarse en todas ellas. Por esta razón, cada congregación debe enfocarse en un área específica del ministerio cristiano, buscando ser excelente en esa parte del trabajo pastoral. ¿Cuál es el llamado específico que Dios le ha hecho a su congregación? Su Iglesia local puede ser excelente en la adoración, en la predicación, en la evangelización, en el ministerio con la niñez, en la organización de grupos pequeños, en el servicio comunitario o en la acción social. Repito la pregunta: ¿Cuál es el llamado específico que Dios le ha hecho a su congregación? La respuesta a esta pregunta define la visión y la misión de su Iglesia local.

En tiempos de crisis, es más urgente la declaración de visión y misión específica, le da sentido de dirección al trabajo de la Iglesia local.

2. Una visión teológica de la Iglesia

Cuando alguien dice «voy a la Iglesia», lo primero que viene a nuestra mente es que se dirige a un edificio; se dirige al templo de la Iglesia local a la que asiste regularmente. Sin embargo, el uso coloquial de la palabra «Iglesia» como sinónimo de «templo» puede llevarnos a un grave error teológico; puede llevarnos a pensar que la Iglesia es un edificio, no lo que es en realidad: Una comunidad de fe.

La Iglesia es el cuerpo de Cristo, compuesto por todas aquellas personas que le han reconocido como Señor y salvador y que, transformados por ese encuentro, tratan de vivir en comunión con Dios, con la ayuda, protección y dirección del Espíritu Santo. Esto quiere decir que la Iglesia, en su expresión más sublime, incluye a todas aquellas personas que—a través del tiempo y del espacio—se han sometido al Señorío de Jesucristo. El libro de Apocalipsis describe la Iglesia universal de la siguiente manera:

> 9 *Después de esto vi aparecer una gran multitud compuesta de todas las naciones, tribus, pueblos y lenguas. Era imposible saber su número. Estaban de pie ante el trono, en presencia del Cordero, y vestían ropas blancas; en sus manos llevaban ramas de palma,* 10 *y a grandes voces gritaban: «La salvación proviene de nuestro Dios, que está sentado en el trono, y del Cordero.»*

Apocalipsis 7.9-10

La Iglesia local es una expresión particular del cuerpo cósmico de Cristo. Es una expresión contingente, sometida al tiempo y al espacio y encarnada en una cultura particular. Mientras la Iglesia universal incluye a todas las personas de fe, de todos los tiempos, de todos los lugares y de todas las culturas, la Iglesia local incluye a un pequeño grupo de creyentes, que se reúnen hoy, en un lugar específico, a adorar a Dios en un idioma en particular, pues comparten una misma cultura.

Esta visión teológica de la Iglesia tiene varias implicaciones para nuestro trabajo pastoral. En primer lugar, nos recuerda que la Iglesia local es solo una minúscula parte del cuerpo de Cristo. Por más grande que sea una Iglesia local, su tamaño es ínfimo cuando lo comparamos con la cantidad de personas que han confesado fe en Jesucristo, a través de toda la historia.

Segundo, nos recuerda que la Iglesia es una comunidad, no un edificio. Esa comunidad está hermanada por la fe en Cristo Jesús, no por sus reuniones semanales. Esa comunidad depende de la acción pastoral del Espíritu Santo, que «nos ayuda en nuestra debilidad, pues no sabemos qué nos conviene pedir, pero el Espíritu mismo intercede por nosotros con gemidos indecibles» (Romanos 8.26).

Tercero, nos recuerda que el tamaño de la asamblea no determina la efectividad de la Iglesia, «porque donde dos o tres se reúnen en mi nombre, allí estoy yo, en medio de ellos» (Mateo 18.20). Esto explica y confirma la efectividad de la Iglesia primitiva, que se reunía en grupos pequeños en casas particulares o en lugares remotos, para evitar ser hostigada por los gobiernos paganos. Este punto lo elaboraremos cuando hablemos del cuarto principio.

Cuarto, nos recuerda que el propósito de la Iglesia no es «tener éxito» en este mundo, sino alcanzar el venidero, «pues no tenemos aquí una ciudad permanente, sino que vamos en pos de la ciudad que está por venir» (Hebreos 13.14). Para decirlo con toda claridad, la meta de una Iglesia local no es comprar terrenos, construir edificios ni alcanzar una posición económica acomodada. Si una Iglesia local tiene la dicha de comprar y mantener propiedades, es para ministrar a la comunidad donde Dios le ha permitido florecer. Todos los recursos de la Iglesia deben estar al servicio de la misión, ya que el propósito de una congregación es cumplir con su tarea misionera, en la época y en el lugar donde ha sido plantada.

Quinto, nos recuerda que Jesucristo, nuestro Señor, es «el Príncipe de los pastores» (1 Pedro 5.4); «el gran pastor de las ovejas, por la sangre del pacto eterno» (Hebreos 13.20). Aunque la gente nos llame «pastores», en realidad, Jesús es el pastor principal de toda Iglesia local: «Yo soy el buen pastor; el buen pastor da su vida por las ovejas» (Juan 10.11). Esto quiere decir que la labor de toda persona activa en el ministerio pastoral es colaborar con Cristo, cumpliendo con lo que su Señor le ha encomendado. Este rol subsidiario del liderazgo cristiano queda claro en 2 Corintios 5.17-21:

> [17] *De modo que si alguno está en Cristo, ya es una nueva creación; atrás ha quedado lo viejo: ¡ahora ya todo es nuevo!* [18] *Y todo esto proviene de Dios, quien nos reconcilió consigo mismo a través de Cristo y nos dio el ministerio de la reconciliación.* [19] *Esto quiere decir que, en Cristo, Dios estaba reconciliando al mundo consigo mismo, sin tomarles en cuenta sus pecados, y que a*

nosotros nos encargó el mensaje de la reconcilia-ción. [20] Así que somos embajadores en nombre de Cristo, y como si Dios les rogara a ustedes por medio de nosotros, en nombre de Cristo les rogamos: «Reconcíliense con Dios». [21] Al que no cometió ningún pecado, por nosotros Dios lo hizo pecado, para que en él nosotros fuéramos hechos justicia de Dios.

En tiempos de crisis, una visión teológicamente correc-ta de la Iglesia nos ayuda a comprender el papel de nuestra congregación en la misión global de la Iglesia.

3. Un programa de discipulado y consolida-ción efectivo

En alguna medida, todas las congregaciones cristianas evangelizan, proclamando el Evangelio de Jesucristo y lla-mando a la gente a la fe. Eso es un hecho innegable. Sin embargo, no todas las congregaciones cristianas tienen el mismo nivel de efectividad. ¿A qué se debe esta diferencia?

Les propongo que la efectividad de los esfuerzos evan-gelísticos de una Iglesia local depende, en gran medida, de su programa de discipulado y consolidación. Las iglesias poco efectivas también evangelizan, tocando las vidas de muchas personas que responden con fe al mensaje de Je-sucristo. El problema es que esas personas no perseveran en la fe y, por lo tanto, no se integran a la Iglesia. Mientras algunas pasan por el proceso de bautismo, feligresía e integración a la Iglesia, la mayor parte no pasan a formar parte de la congregación. ¿Por qué? Porque la Iglesia local carece de un programa efectivo de discipulado cristiano. En lugar de orientar a esos nuevos creyentes, ofreciéndoles clases sobre las bases de la fe que les preparen para vivir la vida cristiana, las iglesias poco efectivas en la evangelización tratan de integrar a los nuevos creyentes a las clases regulares de Escuela Bíblica Dominical tradicional.

Omitir el proceso de discipulado y consolidación es un grave error. Nadie matricula a un niño de cinco años en la escuela secundaria, pensando que podrá aprender los rudimentos de la educación sobre la marcha. Por el contrario, matriculamos a las niñas de cinco años en la escuela primaria para que aprendan a leer y escribir, sumar y restar, multiplicar y dividir. Además, esperamos que aprendan las reglas básicas para vivir en sociedad, tales como hablar en tono moderado, ser consideradas con los demás, hacer fila, esperar su turno y saludar de manera respetuosa.

Es necesario, pues, que cada Iglesia local tenga un programa de discipulado bien delineado, que le enseñe a los creyentes las bases de la vida cristiana. Y si digo «vida» en lugar de «fe cristiana», es porque la meta de todo programa de educación cristiana es que cada feligrés aprenda las disciplinas espirituales que definen a un creyente. Dicho de otro modo, el propósito del programa de discipulado no es que los nuevos creyentes memoricen datos sobre la Biblia y la doctrina cristiana, sino que desarrollen un estilo de vida que les acerque cada vez más a Dios, en Cristo, por medio de la obra del Espíritu Santo.[3]

Como indicamos arriba, para «vivir como una persona cristiana» es necesario aprender, cultivar y practicar las disciplinas espirituales.[4] Muchas personas expertas en formación espiritual y en educación cristiana han propuesto varias listas de disciplinas espirituales. Sin embargo, las siguientes prácticas son consideradas como disciplinas espirituales básicas que todo creyente debe aprender:

- La oración, incluyendo el ayuno y el retiro

- La lectura devocional y el estudio de la Biblia

- Integrarse a una Iglesia local

- Ejercer buena mayordomía de sus recursos, bienes y talentos

- Evangelizar, compartiendo con otras personas su fe

- Visitar a las personas enfermas y a las encarceladas

- Servir a las personas necesitadas, dándoles alimento, ropa y aliento, según su necesidad

Las personas que se acercan a la fe por primera vez no conocen ni practican las disciplinas espirituales. Para decir-

---

[3] Vease el primer capituló de Pablo A. Jiménez, *Principios de educación cristiana* (Nashville: Abingdon Press, 2003).

[4] Para profundizar sobre este tema, véase a Richard J. Foster, *Celebración de la disciplina* (Buenos Aires: Peniel, 2001); y a Roberto A. Rivera, *Introducción a las disciplinas espirituales* (Nashville: Abingdon Press, 2008).

lo con más claridad, no saben orar, no entienden la Biblia, no suelen asistir a la Iglesia, no ofrendan, ni tienen fe alguna que compartir. Desconocen la acción de visitar a personas enfermas para darle consuelo, quizás nunca han servido con amor a personas necesitadas que no forman parte de su entorno familiar. Por lo tanto, es necesario que la Iglesia tenga un programa efectivo de discipulado, que instruya los primeros pasos de los nuevos creyentes, y que recalque la importancia que tiene servir al prójimo.

Del mismo modo, la Iglesia necesita un programa de consolidación. ¿A qué me refiero con ese término? Me refiero al proceso por medio del cual la Iglesia confirma la decisión de un nuevo creyente de recibir a Jesús como Señor y Salvador y de integrarse a la congregación como miembro activo. Idealmente, el proceso de consolidación incluye el bautismo de los nuevos creyentes, la reconciliación de personas que han regresado a la fe y la integración a un grupo pequeño o célula de la Iglesia local.

Las Iglesias efectivas en la evangelización se caracterizan por tener programas bien delineados de discipulado y consolidación. Por lo regular, completar estos programas toma entre uno a tres años, pasando por varios niveles de estudio, hasta terminar el proceso.

Una persona creyente que ha sido debidamente discipulada tiene más probabilidades de sobrevivir los tiempos de crisis de manera exitosa. Dado que ha aprendido a orar y a leer las Sagradas Escrituras, dicha persona puede mantenerse en comunión con Dios y alimentarse espiritualmente, aunque no pueda llegar al templo. Mientras más madurez espiritual tenga una persona, mayor será su perseverancia en la fe, aún en tiempos de crisis.

4. Un ministerio celular bien organizado

Como indicamos arriba, la Iglesia Primitiva era una red de grupos pequeños. Dada la opresión constante y la persecución activa que enfrentaron los primeros grupos cristianos, la Iglesia Primitiva no podía congregar grandes cantidades de personas en templos o santuarios. Por eso, los primeros miembros del movimiento de Jesús se reunían en grupos pequeños, en lugares tan diversos como casas particulares, debajo de puentes y hasta en el alcantarillado pluvial de la ciudad de Roma (donde están las «Catacumbas»). La Biblia ilustra esta práctica con toda claridad, en pasajes tales como el que aparece en el v. 2 de la carta a Filemón, donde el Apóstol Pablo saluda «a la iglesia que está en tu casa».

Los grupos pequeños son muy efectivos a la hora de consolidar a los nuevos creyentes.[5] ¿Por qué? Porque es muy difícil para un nuevo creyente establecer una relación personal con la multitud de los feligreses que se reúnen los domingos. Sin embargo, es fácil hacer amistades en un grupo pequeño, que se reúne en una casa. Además, la estruc-

---

[5] Para profundizar sobre este tema, véase a Joel Comiskey, *Cómo dirigir un grupo celular con éxito* (Barcelona: Editorial CLIE, 2002).

tura de las reuniones de los grupos pequeños es mucho más informal que la del servicio de adoración del domingo en la mañana. La misma persona que jamás se atrevería a levantar la mano para pedir oración ante una congregación de cien personas o más, comparte con libertad sus motivos de oración en un grupo pequeño, que congrega quince personas o menos en la sala de un hogar.

La familiaridad que desarrollan los grupos celulares en la Iglesia, les permite celebrar tiempos felices—como cumpleaños, aniversarios, graduaciones, bodas y nacimientos—y dar apoyo en tiempos duros—como la pérdida de un empleo, una enfermedad aguda o la muerte de un ser querido. Al cumplir el mandato bíblico de Romanos 12.15—«Gocémonos con los que se gozan y lloremos con los que lloran»—el grupo pequeño se convierte en una verdadera comunidad de fe; en una «eclesiola»; en una «iglesia en miniatura».

Un grupo pequeño efectivo, bien organizado, debe tener entre ocho a quince personas, dirigidas por un líder principal, asistido por dos personas más. Esas dos personas deben ayudar al líder principal, tanto a organizar los eventos como a contactar semanalmente a todas las personas que forman parte de la célula. Por ejemplo, si el grupo pequeño se reúne los jueves en la noche, es necesario contactar por teléfono, mensajes de texto o alguna red social a cada persona que asiste regularmente a las reuniones. Este contacto debe tener el triple propósito de saber cómo se encuentra la persona contactada, invitarle a las próximas reuniones y preguntarle si tiene algún motivo de oración que compartir.

Los grupos pequeños deben estar organizados por zonas, supervisadas por una persona madura en la fe. Esos líderes de zona deben responderle a la persona encargada de dirigir el ministerio celular, quien debe ser parte del equipo pastoral. Es crucial que, semanalmente, el liderazgo de cada grupo pequeño entregue algún tipo de informe a quienes le supervisan. Del mismo modo, quienes dirigen las distintas zonas deben hacer un resumen de los informes de las células que supervisan para enviarlo a la persona encargada del ministerio celular, de manera que llegue al equipo pastoral.

En tiempos de crisis, quienes dirigen los grupos pequeños deben seguir en contacto con quienes asisten a sus respectivas células. Aunque no se puedan reunir físicamente, los grupos pequeños bien dirigidos son vehículos excelentes para mantener el contacto con la feligresía y para darle el cuidado pastoral que tanto necesita.

5. Un plan de trabajo bien delineado

Cuando una Iglesia local tiene un claro sentido de visión y misión, tiende a desarrollar un plan de trabajo bien delineado. Ese plan de trabajo debe tener metas y objetivos claros. Para alcanzar cada objetivo, es necesario que el liderazgo de la congregación identifique estrategias cónsonas con las metas establecidas. El plan debe describir cada actividad detalladamente, identificando los recursos físicos, humanos y financieros necesarios para llevarla a cabo. El plan debe tener un calendario global de trabajo, un presupuesto realista y algún método para evaluar la efectividad de las actividades. Claro está, el plan debe ser flexible, de manera que pueda adaptarse a los cambios que, sin lugar a duda, la congregación ha de ser partícipe.

Es importante que la Iglesia tenga un lema y un texto bíblico seleccionado para cada año. Los temas deben estar concatenados, de manera que el lema de este año tenga una clara relación con el lema del año próximo. Como es prácticamente imposible hacer cambios significativos en un año, lo ideal es trabajar el mismo tema por un período de tres a cinco años.

Por ejemplo, si la Iglesia local determina que es necesario mejorar su programa de educación cristiana, puede hacer un plan de trabajo de tres años para mejorar la formación espiritual. El primer año puede enfocar en la formación de los nuevos creyentes, el segundo en la organización de la Escuela Bíblica Dominical y el tercero en el adiestramiento de nuevos maestros y maestras para los distintos programas educativos de la Iglesia. Cada programa anual debe tener un lema y un texto bíblico que le identifique. Terminado el ciclo de tres años, la Iglesia puede enfocar en otra área por un nuevo ciclo de trabajo.

No debemos olvidar los planes de predicación. Si tenemos un plan de trabajo bien delineado, con lemas y textos bíblicos para cada año, podemos desarrollar un plan de predicación que apoye la consecución de nuestros objetivos. Volvamos al ejemplo anterior. Si el foco del plan de trabajo para este año es la formación de nuevos creyentes, el plan de predicación puede incluir sermones sobre conceptos tales como «espiritualidad», «evangelio», «conversión», «discipulado», «consolidación», «servicio cristiano», «madurez espiritual», «crecimiento» y «santificación», entre otros temas relacionados. De esta manera, las prédicas ofrecidas desde el púlpito tendrían una clara conexión con el resto del plan de trabajo de la Iglesia.

Claro está, debo reconocer que muchos predicadores entienden que los planes de predicación no son inspirados por el Espíritu Santo; que la «planificación» no es «espiritual». Con mucho respeto, sugiero que esto es un error por dos razones importantes. En primer lugar, la Biblia dice que Dios hace planes:

> Sólo yo sé los *planes* que tengo para ustedes. Son planes para su bien, y no para su mal, para que tengan un futuro lleno de esperanza.—Palabra del Señor. **Jeremías 29.11**

> [2] Sin duda ustedes se habrán enterado del *plan* que Dios, en su bondad, me asignó para el bien de ustedes; [3] me refiero al misterio que me declaró por revelación, como ya les había escrito brevemente. **Efesios 3.2-3**

Dios revela su voluntad para dirigir a la humanidad hacia el bien y la vida. Por lo tanto, debe quedar claro que hacer un plan de predicación, en oración y ruego, es una tarea «espiritual»

En segundo lugar, la pregunta que más hacen mis estudiantes cuando sugiero hacer un plan de predicación es: «¿Y qué hacemos si surge una emergencia?». La respuesta es sencilla: Nuestros planes deben ser flexibles, de manera que puedan acomodarse a cualquier contingencia. Si surge un suceso imprevisto, debemos alterar el plan. Sin embargo, decir que no podemos hacer plan alguno porque «puede surgir una emergencia» es, sencillamente, un error. Si Dios no improvisa, nosotros tampoco debemos hacerlo.

En tiempos de crisis, las congregaciones que tienen planes de trabajo bien elaborados y flexibles pueden reaccionar con mayor rapidez para adaptarse a la nueva situación.

6. Una estrategia de comunicación actualizada

La proclamación del Evangelio es la comunicación del mensaje de Jesucristo a toda la humanidad. Por lo tanto, toda congregación cristiana debe tener una estrategia de comunicación efectiva que le permita cumplir su tarea misionera.

En el pasado la estrategia de comunicación de la mayor parte de las iglesias locales enfocaba en la predicación y en la enseñanza que se hacía cara a cara, tanto desde el púlpito como en los salones de clases. Aún con la llegada de la radio y de la televisión, la mayor parte de las Iglesias continuaban enfocadas en la predicación y en la enseñanza al nivel local, dado los altos costos de producción de los programas de radio y, aun más, de televisión.

A partir del 2003 todo cambió, pues los avances cibernéticos hicieron posible la transmisión de archivos de audio y vídeo por medios del Internet. Al principio, la mayor parte de las Iglesias solo podían transmitir archivos diferidos. En años recientes, la transmisión en vivo de videos (en inglés, «video streaming») se fue haciendo más asequible. A partir del 2015, la transmisión en vivo se popularizó, gracias a una aplicación llamada «Periscope». Pronto otras redes sociales, como Facebook y YouTube, comenzaron a ofrecer servicios similares.

Por lo tanto, podemos concluir que hoy el plan de comunicación de toda Iglesia local deben incluir estrategias digitales. Dichas estrategias digitales pueden desarrollarse por medio de un proceso de cinco pasos:

1. **Selección de los medios:** El primer paso es determinar cuáles son las teologías que la Iglesia ha de usar para comunicarse tanto con la feligresía como con el público en general. Entre las opciones a escoger se encuentran las siguientes:

   • Publicar una página web de la iglesia, manteniéndola al día.

   • Abrir páginas o cuentas en redes sociales, tales como Facebook, Twitter, Instagram, SlideShare y YouTube, entre muchas otras.

- Tener un «Blog», para compartir escritos, o un «Vlog», para compartir videos.

- Tener un «podcast», es decir, un programa de radio por Internet. El podcast también se puede transmitir por vídeo.

- Transmitir los cultos en vivo («webcast» o «vídeo streaming»).

- Tener salones de clases virtuales para los grupos de la Escuela Bíblica Dominical, los talleres de adiestramiento para personas voluntarias o los cursos de Instituto.

- Usar un sistema de video conferencias—como Zoom, Google Meet o Webex—para sostener reuniones, dar clases u ofrecer seminarios por Internet («webinars»).

2. **Programación de las actividades:** Es necesario programar cuidadosamente cada evento y cada producción, de manera que las actividades no confluyan, que los equipos estén disponibles y que el personal técnico esté presente.

3. **Periodicidad de las publicaciones:** La Iglesia debe mantener un ritmo confiable de las publicaciones en los distintos medios. De nada vale tener una página web, si la entrada más reciente es un anuncio de una actividad celebrada el año anterior.

4. **Imagen de la organización** (en inglés, «branding»): La Iglesia debe determinar la imagen que desea emplear, incluyendo logos, estilo y sonidos específicos para su ministerio. Lo ideal es comisionar logos y grabaciones musicales originales, diferentes a los de cualquier otra Iglesia local y a los de su denominación. Además, cada congregación debe tener una frase característica que la identifique (un lema o «Tag Line»).

5. **Liderazgo responsable:** El último paso es el más importante: Escoger a las personas que servirán como líderes de estos ministerios cibernéticos. El liderazgo debe escoger al personal técnico; al talento que estará frente a las cámaras y ante los micrófonos; y coordinar el programa de trabajo. También deberá determinar las tareas que se harán por el personal de la Iglesia y las que serán subcontratadas a personas o compañías especializadas.

Implantar una estrategia de comunicación tiene un impacto en el presupuesto de la Iglesia. Dependiendo de los medios seleccionados, el impacto digital puede ser costoso. Por lo tanto, es mejor establecer de manera exitosa una o dos estrategias que fracasar porque tratamos de implantar demasiadas estrategias a la misma vez.

En tiempos de crisis, una Iglesia que tiene una estrategia de comunicación actualizada puede adaptarse más fácilmente a los cambios y mantenerse en contacto con su feligresía, produciendo materiales de excelencia.

7. Disposición a pastorear la «muchedumbre»

George Bullard, un experto en los temas de la plantación y el crecimiento de Iglesias, afirma que la mayor parte de los ministros pastorean a un grupo flotante, que él llama «La muchedumbre» (en inglés, «the crowd»).[6]

La «muchedumbre» es un grupo que, en términos numéricos, tiende a duplicar el tamaño de la congregación. Es decir, si la asistencia al servicio de adoración dominical es de 100 personas, la «muchedumbre» consta de unas 200 personas. Este grupo se compone de quienes, aunque no asisten regularmente a la Iglesia, tienen cierta relación con la congregación y esperan recibir servicios pastorales. Son familiares, amistades o personas conocidas (de la vecindad, de instituciones educativas, o de centros de trabajo) que se han relacionado con la congregación y que—de alguna manera—se consideran «parte» de la Iglesia aunque no asisten regularmente, no han sido discipuladas y no ofrendan regularmente. ¿Qué servicios esperan recibir? Desean que la Iglesia presente o bautice a sus niños o niñas; celebre las ceremonias de Quinceañera o «Sweet Sixteen» de sus hijas o nietas; oficie las bodas y las renovaciones de votos matrimoniales de sus familiares; les de consejo pastoral en momentos de crisis; les visite cuando se enferman; y entierre a sus seres queridos cuando fallecen.

---

[6] George Bullard, *Pursuing the Full Kingdom Potential of your Congregation* (St. Louis: Chalice Press, 2005).

Las comunicaciones cibernéticas han aumentado los reclamos de la «muchedumbre», particularmente en aquellas congregaciones que tienen estrategias digitales efectivas. ¿Por qué razón? Porque ahora una persona puede ver partes del servicio dominical por medio de Facebook Live o escuchar el sermón de manera diferida por medio de un «podcast» (en audio o vídeo). Esa misma persona puede escribirle por medio de las redes sociales al pastor, a la pastora o a alguna otra persona del equipo pastoral, pidiendo oración, consejo u orientación. Para decirlo con mayor claridad, los medios cibernéticos permiten que las personas que forman parte de la «muchedumbre» estén más cerca de la figura pastoral, aunque no visiten la Iglesia.

Esto explica por qué tantos pastores tienen «feligreses flotantes», a quienes le dedican una gran cantidad de tiempo. También explica por qué el trabajo pastoral es tan extenuante, pues la pastora de una Iglesia cuya asistencia promedio es 250 personas cada domingo, en realidad esta «pastoreando» 750 personas: La congregación, compuesta, por 250 personas, y la «muchedumbre», compuesta por 500.

En tiempos de crisis, las personas maduras en la fe tienden a manifestar la paz, la seguridad y la esperanza que Dios da por medio del evangelio de Jesucristo y de la acción pastoral del Espíritu Santo. Sin embargo, las crisis alborotan a la «muchedumbre», dado que quienes forman parte de ese grupo no tienen las herramientas espirituales que caracterizan a quienes han sostenido una larga amistad con Jesucristo.

Es necesario, pues, que los equipos pastorales entiendan que—durante los momentos de crisis—tendrán que invertir mucho tiempo, recursos y esfuerzo en pastorear la «muchedumbre». Esta es una tarea que deben hacer con amor, sabiendo que solo un porcentaje muy pequeño de la «muchedumbre» tendrá una experiencia de fe durante la crisis, que les lleve a integrarse a la congregación. La inmensa mayoría volverán a su «status» de «miembros flotantes», tan pronto pase la crisis.

Conclusión

¿Cómo pastorear en medio de una crisis? En este escrito he intentado ofrecer siete principios que bien pueden orientar el ministerio de una congregación cristiana durante los tiempos de crisis.

Claro está, cualquier consejo o recomendación que podamos ofrecer se queda corto ante la enorme necesidad que encontramos en el mundo. Y cualquier esfuerzo pastoral que podamos hacer palidece ante el compromiso radical de Jesús de Nazaret tanto con el Dios Santo como con la humanidad pecadora. Jamás podremos igualar el ministerio pastoral de Jesús, que Juan 10.7-18 describe de la siguiente manera.

> [7] *Una vez más Jesús les dijo: «De cierto, de cierto les digo: Yo soy la puerta de las ovejas.* [8] *Todos los*

que vinieron antes de mí, son ladrones y saltea-
dores; pero las ovejas no los oyeron. ⁹ Yo soy la
puerta; el que por mí entra, será salvo; y entrará
y saldrá, y hallará pastos. ¹⁰ El ladrón no viene
sino para hurtar, matar y destruir; yo he venido para que tengan vida, y para que la tengan
en abundancia. ¹¹ Yo soy el buen pastor; el buen
pastor da su vida por las ovejas. ¹² Pero el asalariado, el que no es el pastor ni el dueño de las
ovejas, huye y abandona las ovejas cuando ve
venir al lobo, y el lobo las arrebata y las dispersa.
¹³ Al que es asalariado, no le importan las ovejas.
¹⁴ Yo soy el buen pastor. Yo conozco a mis ovejas,
y ellas me conocen a mí, ¹⁵ así como el Padre
me conoce a mí, y yo conozco al Padre; y yo
pongo mi vida por las ovejas. ¹⁶ También tengo
otras ovejas, que no son de este redil; también
a aquéllas debo traer, y oirán mi voz, y habrá un
rebaño y un pastor. ¹⁷ Por eso el Padre me ama,
porque yo pongo mi vida para volver a tomarla.
¹⁸ Nadie me la quita, sino que yo la doy por mi
propia cuenta. Tengo poder para ponerla, y tengo
poder para volver a tomarla. Este mandamiento
lo recibí de mi Padre.»

¿Cómo pastorear en medio de una crisis? Dando la vida
por Dios y por los demás, como lo hizo Jesús de Nazaret.

SEGUNDA PARTE

ASPECTOS TEÓRICOS DEL LIDERAZGO

2 ¿QUÉ ES EL LIDERAZGO?

El liderazgo se ha convertido en uno de los temas comunes en la industria, la educación y la sociedad contemporánea. El tema del liderazgo también se ha convertido en un punto integral en la teología pastoral y el adiestramiento ministerial. Esto explica por qué la mayor parte de las escuelas teológicas hoy ofrecen cursos y hasta programas sobre liderazgo ministerial.[7]

Cuatro escuelas de liderazgo

En los materiales sobre liderazgo encontramos diversos acercamientos hacia al tema.

1. Algunos se centran en la *persona* que dirige, resaltando las características del líder efectivo.

---

[7] En este artículo seguimos las perspectivas de *Las dimensiones del líder,* escrito por Robert Banks y Bernice Ledbetter. Buenos Aires: Peniel, 2008.

2. Otros enfocan en las *posiciones* de liderazgo, ofreciendo consejos prácticos sobre cómo ser un buen gerente o un ejecutivo efectivo.

3. Una escuela importante es aquella que afirma que el liderazgo es, principalmente, *influencia*. Esta perspectiva es muy conocida, gracias a los muchos escritos de John Maxwell.

4. Una cuarta perspectiva privilegia el tema de los *resultados observables* que podemos obtener, sobre los otros enfoques sobre el liderazgo.

Definición

Reconociendo que cada una de estas cuatro escuelas aportan puntos importantes, permítanme proponer una definición amplia del liderazgo:

> *El liderazgo es el proceso por medio del cual una persona, un grupo o una organización marca la pauta en un área de la vida, influenciando y capacitando a tantas personas que puede provocar un cambio en el área.*

Esta definición recalca los siguientes puntos importantes:

1. El liderazgo es un proceso, no una virtud personal ni un programa que podamos implantar.

2. Tanto personas como grupos y hasta organizaciones pueden ejercer liderazgo.

3. Ser líder implica ir adelante de los demás, abriendo nuevos caminos que otras personas han de seguir.

4. La influencia es una característica esencial del liderazgo. El líder deriva su autoridad del hecho de que otras personas aceptan y adoptan sus opiniones, juicios y criterios.

5. El desarrollo de nuevos líderes es parte integral del proceso de liderazgo.

6. El liderazgo efectivo causa cambios en los paradigmas, las presuposiciones y las prácticas en un área de trabajo o de estudio.

Quienes sirven como líderes de manera efectiva desempeñan las siguientes tareas fundamentales:

- Captan y transmiten una *visión* contagiosa que le da sentido de dirección a la organización.

- Apoyados por esa visión global, aumentan la *eficiencia* de la organización, a la misma vez que procuran el bienestar de la organización.

- Prestan atención a los procesos administrativos e interpersonales de la organización, creando un *ambiente* de trabajo positivo y saludable

Conclusión

Como podemos ver, el liderazgo involucra cuatro elementos básicos: La persona que dirige, la relación entre el líder y sus seguidores, la misión que la organización debe llevar a cabo y la influencia que tanto el líder como la organización tienen sobre el público, las organizaciones y el contexto que le rodea.

Concluimos recalcando el tema de la visión. Quien ocupa una posición de liderazgo debe comunicar tanto su visión para la organización como los valores que informan dicha visión. Además, debe «traducir» la visión, explicándola con claridad, comunicándola de manera efectiva y segmentándola en etapas alcanzables. El liderazgo efectivo comunica la visión con tanto entusiasmo que motiva a los demás, tanto dentro como fuera de la organización.

3 | CINCO CARACTERÍSTICAS
DEL LIDERAZGO CRISTIANO

En el escrito anterior, definimos el concepto «liderazgo» en forma amplia, ofreciendo perspectivas que pueden ser usadas en cualquier contexto. Ahora pasamos a enfocar en el liderazgo cristiano. ¿Cuáles son las características que distinguen el liderazgo específicamente cristiano? En esta ocasión, identificamos cinco características del liderazgo cristiano.

Cinco características

En primer lugar, el líder deriva su autoridad del hecho que otras personas aceptan y adoptan sus juicios y criterios. En el caso del liderazgo cristiano, una persona se convierte en líder cuando la Iglesia—como comunidad de fe—acepta su opinión, su dirección y su consejo. Aquí debemos recordar que la «Iglesia» tiene varias expresiones, desde los grupos pequeños que forman parte de una Iglesia local, a las denominaciones o concilios y hasta las redes de movimientos cristianos. De este modo, la autoridad tanto de un líder de célula como un líder denominacional dependen de la influencia que tengan sobre el grupo que dirige.

Segundo, queda claro que el liderazgo cristiano es respuesta a un llamado divino. Es Dios quien llama a hombres y a mujeres de fe a «dirigir» grupos, congregaciones y ministerios. Dirigir implica conocer cuál es la ruta, el propósito y la meta de un viaje. Quien dirige necesita una visión clara del camino que debe seguir. Las personas que ocupan posiciones de liderazgo deben tener el sentido de dirección necesario para comprender cuál es la meta a la que Dios les llama a llevar al los demás.

Tercero, para poder dirigir a un grupo de manera efectiva, una persona debe formar parte del grupo. Aunque un pastor o una pastora goza de cierta autoridad por virtud de su ordenación o de su nombramiento como ministro de una congregación, se convierte en un verdadero líder cuando la congregación le reconoce como parte integral del grupo, es decir, cuando le ven como «uno de nosotros».

Cuarto, además de la figura pastoral, las congregaciones identifican y se relacionan con toda una red de líderes. Esa red incluye tanto líderes «formales» como «informales». Los líderes formales ocupan puestos oficiales en la estructura de la Iglesia los líderes informales no. La congregación reconoce la autoridad de los líderes informales aún cuando no ocupen puesto alguno. Los pastores recién llegados a una congregación establecida a veces no comprenden que su líder laico principal puede ser una persona que en ese momento no preside ministerio alguno y que no forma parte de la mesa directiva. Por lo tanto, el pastor o la pastora de la Iglesia local debe establecer una buena relación de trabajo con todo el liderazgo de la congregación, tanto con líderes formales como con líderes informal.

Quinto, el liderazgo cristiano tiene una relación muy profunda con el discipulado. La Iglesia es una red de discipulado, donde una persona que no conoce la fe, llega a ser cristiana, para después enseñarle la fe a quienes aún no han creído. Con este método tan sencillo, la Iglesia cristiana ha crecido a través de los siglos, pasando de ser un puñado de discípulos de Jesús a incluir a millones de personas, de todo pueblo, lengua y lugar.

Conclusión

Todo esto implica que el desarrollo de líderes es parte integral del discipulado cristiano. El líder cristiano efectivo identifica, reconoce y desarrolla los líderes potenciales que llegan a la Iglesia, dándoles espacio para responder al llamado que Dios hace a sus vidas.

4
¿QUÉ ES LA VISIÓN?

La Biblia habla en distintos lugares de la importancia que tiene discernir la visión de Dios para nuestras vidas y para nuestros ministerios. En el lenguaje bíblico, la palabra «visión» se usa para describir un mensaje de parte de Dios para su pueblo. Por lo regular, dicho mensaje es dado a través de un vidente o de un profeta.

Queda claro, pues, que la visión de la voluntad divina para el pueblo de Dios es crucial para cualquier ministerio. Sobre esta base, ofrecemos algunas ideas sobre cómo desarrollar un proceso de visión en un ministerio cristiano.[8]

---

[8] Las perspectivas presentadas en este capítulo de basan en las contribuciones de George Barna, *El poder de la visión,* Buenos Aires: Peniel, 2002; Jim Herrison, Mike Bonem y James H. Furr, *Leading Congregational Church,* San Franciso: Jossey Bass, 2000; Andy Stanley, *Una visión contagiosa,* Miami: Editorial Vida, 2009 y *Visioengeniería,* Miami: Editorial Unlit, 2001.

Definiciones

El proceso de visión parte de la siguiente premisa: Dios nos ha creado, Dios nos ha llamado a un ministerio específico y Dios desea compartir con nosotros su visión tanto de lo que debe ser nuestro ministerio como la mejor manera de desarrollarlo.

La visión ministerial es una imagen mental clara del futuro que Dios prefiere para su pueblo, basada en un claro entendimiento de la persona y del carácter de Dios. La visión ministerial es una reflexión de lo que Dios desea lograr a través nuestro para avanzar la construcción de su reino. La misión es esencialmente una declaración de la filosofía en la cual se basa su ministerio.

La declaración de misión es una definición de los objetivos ministeriales más importantes de una institución religiosa. Mientras que la declaración de visión es una clarificación de la dirección y de las actividades específicas que la organización deberá tratar de hacer para desarrollar un ministerio de gran impacto.

El propósito de la visión es triple: Satisfacer la voluntad de Dios, satisfacer nuestros anhelos para la organización y satisfacer las necesidades de nuestro pueblo. La visión da pie a nuestro carácter, a nuestro estilo de vida y a nuestra forma de vivir en el mundo. Aunque la visión trata de convertir sueños en proyectos, refleja una perspectiva realista. Desarrollar una visión no es soñar un sueño imposible, sino un sueño que podamos alcanzar para convertirlo en realidad.

Cada visión es específica, detallada, personalizada, distintiva y única a una congregación u organización dada. *No podemos copiar la declaración de visión de otra entidad.* Necesitamos comprender la visión específica que Dios tiene para nuestro ministerio. Por esta razón, nuestra declaración de visión debe ser distinta a la de otras organizaciones y congregaciones. Nuestro trabajo debe complementar—no competir con—el ministerio de las congregaciones vecinas.

Del mismo modo, la visión debe tener un foco claro y limitado. Las congregaciones que tratan de implantar visiones demasiado amplias, desarrollan proyectos de trabajo en tantas áreas de trabajo que tienden a malgastar recursos y a lograr resultados relativamente pobres. Por esta razón, es mejor tratar de hacer un trabajo excelente en un área ministerial limitada.

No basta escribir una declaración de visión en un papel. ¡Es necesario implantar la visión! La visión es más efectiva cuando se implanta después de un proceso de planificación estratégica, elaborado con el insumo del liderazgo y del laicado, que facilite el desarrollo integral. En este cuadro, la visión sirve como el foco de la estrategia. No importa cómo se desarrollen los planes, la visión siempre debe orientar nuestra discusión.

Conclusión

¡Dios tiene una visión específica para su congregación! Dios tiene una misión clara para su Iglesia local. Dios le está llamando a ser excelente en un área específica del ministerio. ¡No seamos rebeldes a la visión celestial! (Hechos 26.19).

5 | CÓMO PLANIFICAR *ACTIVIDADES*

La planificación es el resultado de una visión espe-ranzadora del futuro. En el caso de la Iglesia local, la planificación debe ser el resultado de una visión del futuro de Dios para nuestra congregación, nuestra comunidad y nuestro mundo. Lo que guía este proceso es el futuro, no las experiencias pasadas.

Premisas básicas

La planificación nos permite transformar sueños en proyectos. Nuestra visión del futuro de Dios funciona como un plano de construcción. Nos dice cómo debemos «construir» hoy las estructuras que necesitamos para llevar a cabo la misión cristiana mañana.

El proceso de visión y misión debe hacerse en grupo, no de manera independiente por algún líder individual. La congregación debe estar involucrada en el diseño de los planes. El liderazgo pastoral debe contar con el apoyo de la congregación *antes* de comenzar cualquier proyecto nuevo. Recordemos que las Parábolas de la Torre y del Rey que va a la guerra (Lucas 14.28-33) nos enseñan que no debemos comenzar lo que no podemos terminar.

Siete componentes

Cuando un proyecto es importante, debe presentarse por escrito. Presente una propuesta completa que tenga los siguientes siete componentes:

1. Indique claramente cuáles son las *metas* del proyecto. Una meta es un propósito general expresado de manera amplia. Las metas deben expresarse en oraciones completas. Por ejemplo: «La meta de este proyecto es aumentar el número de maestros y maestras para la escuela bíblica dominical.»

2. Los *objetivos* enumeran los pasos necesarios para llegar a la meta. Los objetivos deben ser claros, medibles y observables. Los objetivos también deben expresarse en oraciones completas, usando verbos de acción. Por ejemplo: Objetivo #2: «El Ministerio de Educación Cristiana reclutará y adiestrará 10 nuevos maestros durante el año próximo.»

3. Las *estrategias* son las actividades necesarias para alcanzar cada objetivo. Escriba, por lo menos, dos estrategias para cada objetivo, expresadas en oraciones completas y detalladas. Por ejemplo: «Un comité especial hará una lista de posibles maestros»; y «El presidente del comité contactará personalmente a cada prospecto.»

4. Los *recursos* son las herramientas que nos ayudan a desarrollar las estrategias. Hay tres tipos básicos de recursos: Humanos (conferenciantes, maestros o maestras, comités, etc.); financieros (dinero); y físicos (salones, auditorios, centros de retiro, herramientas, transporte, etc.)

5. Establezca un *calendario* de trabajo, con fechas limite para cada estrategia y una fecha general para finalizar el proyecto. Los calendarios deben ser flexibles, proveyendo espacio para lidiar con los obstáculos que puedan atrasar el proyecto.

6. Cada proyecto debe incluir un *presupuesto* detallado. El presupuesto debe tener, por lo menos, dos partes: Ingresos y egresos (gastos). Idealmente, cada proyecto debe recaudar parte del dinero necesario para implantarlo. Subestime un poco los ingresos y exagere un poco los gastos proyectados. Incluya fondos para gastos inesperados y misceláneos.

7. Cada proyecto debe ser coordinado por una persona encargada de velar por el funcionamiento e implantación del proyecto, de manera que pueda ser *evaluado*. Use cuestionarios para evaluar las actividades y los proyectos. Trate de superar las expectativas proyectadas.

Conclusión

Finalmente, recuerde que siempre habrá personas insatisfechas o descontentas. En lo posibles, trate de incorporar las ideas y las opiniones de los quejosos en su proyecto, si las encuentra valiosas. Ahora bien, modifique o detenga temporalmente el proyecto si más del 20% de la congregación lo rechaza.

Con estas herramientas a la mano, ¡camine en fe! La implantación exitosa de un proyecto, aunque sea pequeño, puede revitalizar una congregación.

6 NO TE DISTRAIGAS
CON LOS ESPEJOS

«No te distraigas con los espejos», me aconsejó mi tío Humberto cuando yo apenas comenzaba a manejar. Al principio, su consejo me pareció extraño. Sin embargo, pronto comprendí la lógica de sus palabras: Es imposible dirigirse ir hacia adelante si uno va mirando para atrás.

Mirar al futuro

El liderazgo nos llama a mirar al futuro, con sentido de visión y misión. Quienes ocupan las posiciones más importantes en las organizaciones deben atisbar el futuro, tanto de sus organizaciones como de la sociedad donde están ubicadas. ¿Cuál es el futuro preferido para su organización? No deben ceder ante la presión de quienes miran el pasado con añoranza, pensando que todo tiempo pasado fue mejor. No podemos permitir que el miedo nos paralice. El pasado sirve para informarnos, no para detenernos.

Desde el punto de vista del liderazgo pastoral, es crucial que la Iglesia mire al futuro, no al pasado. Caminar hacia adelante mientras uno está mirando hacia atrás es una receta para el desastre. Si le damos la espalda al futuro ciertamente tropezaremos con distintos obstáculos que entorpecerán y hasta detendrán nuestra marcha.

Es al futuro que debemos mirar, porque el futuro es lo que se acerca. Quienes dirigimos Iglesias cristianas hoy, debemos tratar de cultivar congregaciones donde los nietos y las nietas de nuestra feligresía actual puedan adorar, escuchando Palabra de Dios presentada de manera pertinente a sus distintas realidades. Dicho de otro modo, la Iglesia debe contextualizarse, sabiendo que tiene el desafío de servir a las próximas generaciones.

El problema es que estas verdades que parecen tan claras y evidentes son ciertamente problemáticas para un sector de nuestras congregaciones. En todas las Iglesias locales y en todas las denominaciones, hay quienes viven mirando al pasado. Sueñan con el ayer, evocando la pasión que sentían por el Evangelio en aquel antaño. Por eso, están convencidos que la Iglesia debe volver al ayer, a ese pasado querido y, a veces, hasta idealizado. Cuando exhortan a los demás, condenan la tecnología, convencidos que los males de hoy son resultado de cambios tales como el desarrollo del Internet.

Sí, es bueno limitar el tiempo que dedicamos a ver televisión o a navegar por el Internet, actividades que se están convirtiendo en sinónimas. Es bueno apagar los teléfonos celulares y sentarse a la mesa a comer, sin mirar los móviles. Ciertamente el Internet presenta peligros que debemos evitar. Empero, las telecomunicaciones han llegado para quedarse. Nuestros nietos y nuestras nietas no van a abandonar sus teléfonos inteligentes ni sus tabletas electrónicas para volver al mundo bucólico de principios del Siglo XX.

La pregunta que se impone es si estamos edificando una Iglesia efectiva para el futuro, o si nos hemos quedado anquilosados en los modelos de Iglesia que fueron efectivos décadas atrás.

La respuesta a esa pregunta es relativamente sencilla: Dios nos llama a caminar al futuro con determinación y esperanza. ¿Cuál es el futuro que Dios prefiere para su Iglesia local?

Conclusión

Por lo tanto, si usted ocupa un puesto de liderazgo, no se distraiga mirando los espejos que reflejan lo que ha quedado atrás. Mejor siga el consejo del Apóstol Pablo, quien escribió las siguientes palabras: «Hermanos, yo mismo no pretendo haberlo alcanzado ya; pero una cosa sí hago: me olvido ciertamente de lo que ha quedado atrás, y me extiendo hacia lo que está adelante; ¡prosigo a la meta, al premio del supremo llamamiento de Dios en Cristo Jesús!» (Filipenses 3.13-14, RVC).

7 | SI SIEMPRE HACES
LO QUE SIEMPRE HAS HECHO...

«**Si** siempre haces lo que siempre has hecho, siempre obtendrás lo que siempre has obtenido», dice el dicho. En realidad, no sabemos quién lo dijo por primera vez. Se le atribuye a varias personas, como Henry Ford y Albert Einstein. Sin embargo, aunque no tengamos claro el origen de este aforismo, podemos apreciar la verdad que encierra.

Los hábitos

Los seres humanos desarrollamos hábitos, patrones de conducta que una vez establecidos son sumamente difíciles de cambiar.[9] Todos cometemos errores motivados por la costumbre: Como pedir el almuerzo de siempre cuando

---

[9] Este ensayo se basa en las perspectivas de Charles Duhigg, *El poder de los hábitos,* New York: Vintage Español, 2009.

habíamos pensado comer otra cosa, tomar la ruta acostumbrada cuando teníamos la intención de ir por otro camino, o parar en casa de un familiar cercano cuando en realidad deseábamos ir a otro lugar.

Los hábitos, una vez se fijan en nuestra mente y nuestro corazón, son muy difíciles de romper.

Las Iglesias, como todas las demás instituciones, también desarrollan hábitos. La diferencia es que son *hábitos organizacionales.*

En parte, el desarrollo de hábitos organizacionales es positivo. Sería muy confuso para la congregación encontrar un orden de culto radicalmente distinto todas las semanas. Y nadie iría a una Iglesia que cambiara su horario mensualmente. Deseamos que haya una rutina agradable, a la cual podamos adaptarnos con facilidad, pero lo suficientemente flexible para permitirnos explorar nuevas ideas.

Ahora bien, las Iglesias también pueden desarrollar hábitos organizacionales negativos. Me refiero a prácticas que no abonan a la vida comunitaria ni conducen a la fe. Son sencillamente hábitos que, por fuerza de la costumbre, se convierten en pesadas cargas para la comunidad de fe. Esos hábitos anquilosados, lastres de un pasado que jamás volverá, se convierten en obstáculos para el crecimiento espiritual de la congregación. Lo que es más, estas prácticas negativas pueden llegar a causar la muerte de una congregación.

Debe quedar claro que ninguno de los buenos hermanos que asisten a congregaciones en crisis desea la destrucción de su Iglesia local. Si se aferran a programas que ya no funcionan, lo hacen con la esperanza de ver un cambio positivo en la vida de la Iglesia. Su razonamiento tiene cierta lógica: Piensan que si algo fue efectivo en el pasado, todavía debe ser efectivo.

El problema es que el pasado es precisamente eso: ¡Pasado! Hoy vivimos en un mundo muy distinto, cuyas características muy bien pueden chocar con esas prácticas que ayer fueron efectivas.

Por esta razón, la única alternativa que tenemos es desarrollar nuevos programas para la Iglesia, experimentando con nuevos estilos y poniendo en práctica técnicas novedosas. Si en medio de la crisis nos limitamos a seguir haciendo lo mismo que siempre hemos hecho y de la misma manera como siempre lo hemos hecho, aseguramos el estancamiento de la Iglesia local.

Conclusión

Si deseamos crecer, debemos estar dispuestos a cambiar. Si deseamos salir de la crisis, es necesario abandonar las prácticas que nos han llevado a la crisis. Si deseamos ver el futuro con esperanza, debemos estar en la disposición de escuchar las palabras de Jesús: «Y nadie echa vino nuevo en odres viejos; de otra manera, el vino nuevo rompe los odres, y el vino se derrama, y los odres se pierden; pero el vino nuevo en odres nuevos se ha de echar» (Marcos 2.22).

8 | **DIEZ SUGERENCIAS** *PARA EL CRECIMIENTO DE LA IGLESIA*

Por definición, una Iglesia sana crece, tanto en fe como en feligresía. ¿Por qué? Porque, como dice I Corintios 3.8, es Dios quien da el crecimiento.

Una persona dedicada a la agricultura no hace crecer las plantas ni puede obligarlas a dar fruto. Empero, puede sembrar las plantas y velar por su sembradío, creando las condiciones óptimas para que den fruto en abundancia.

Del mismo modo, el liderazgo pastoral no puede hacer crecer una Iglesia a la fuerza. Sin embargo, puede crear las condiciones óptimas para motivar el crecimiento de su Iglesia local.[10]

---

[10] Las perspectivas de este ensayo se basan en Lyle E. Schaller, *44 Ways to Increase Church Attendance*, Nashville: Abington Press, 1988; y Christian A. Schwarz, *Desarrollo natural de la Iglesia*, Barcelona: Editorial CLIE, 1996.

Diez sugerencias

A continuación, comparto diez sugerencias para motivar el crecimiento de su congregación.

1. **Retiro de planificación:** Cada año, celebre un retiro de planificación donde el liderazgo de la congregación determine metas y objetivos a alcanzar durante el próximo año. Si tiene los recursos, invite a una persona experta que pueda facilitarle proceso.

2. **Capacite líderes:** Identifique personas que ya estén ocupando o que puedan ocupar posiciones de liderazgo. Comience un programa de educación teológica básica para adiestrarles.

3. **Renueve la Escuela Bíblica Dominical:** Cada año, ofrezca un retiro de capacitación para maestros y maestras de Escuela Bíblica Dominical. Cree nuevas clases, tales como clases bilingües o clases para personas adultas solteras. Ofrezca clases para líderes donde todo el grupo estudie y discuta la lección en forma de taller.

4. **Ministerios bilingües:** En los Estados Unidos la juventud hispana es mayormente bilingüe. Muchas congregaciones pierden la juventud porque sólo ofrecen estudios y servicios en español. No permita que nuestra juventud pierda la fe porque se sienta excluida de las actividades de la Iglesia local.

5. **Un segundo servicio:** Si la asistencia el domingo en la mañana sobrepasa el 80% de la capacidad del templo (es decir, si la Iglesia acomoda 100 personas y la asistencia pasa de 80), considere comenzar otro servicio de adoración. Puede hacer uno temprano en la mañana, cerca de las 8:00 am; ofrecer la Escuela Bíblica Dominical a partir de las 9:30 am; y comenzar el segundo servicio a las 10:30 am. Notará que la mayor parte de las personas ancianas y envejecientes asistirán al primer servicio, y que la juventud y los matrimonios jóvenes preferirán el segundo. La adoración puede ser tradicional en el primero y contemporánea en el segundo. El primero puede ser en español y el segundo, bilingüe, si su congregación está ubicada en los Estados Unidos.

6. **Servicios para líderes:** Muchos líderes de nuestras congregaciones no disfrutan de los servicios de adoración porque están ocupados en sus diversos ministerios. En vez de adorar, están contando dinero, trabajando en la cocina o cuidando niños. Ofrezca un servicio mensual, quincenal, o semanal para estas personas. Minístreles de cerca, orando personalmente por cada una. Dele más importancia al estudio bíblico y a la oración que a los cánticos de alabanza.

7. **Células por sectores:** Divida la congregación por sectores geográficos. Asigne líderes para cada célula o sector. Las células se deben dedicar a la visitación, a la evangelización, y a la oración.

8. **Grupos de interés:** Organice grupos que se reúnan para hacer cosas que tradicionalmente la Iglesia no auspicia, tales como cocinar, hacer manualidades, o aprender mecánica de automóviles. La actividad no es lo primordial; lo importante es que el grupo dedique una buena media hora a la oración y la lectura de la Biblia antes de llevar a cabo su actividad.

9. **Conflicto y mediación:** Identifique los distintos grupos de personas que puedan estar disgustadas por alguna u otra razón. Identifique, también, los líderes de dichos grupos. Busque una persona recurso que le ayude a mediar la situación. Esa misma persona quizás pueda ofrecer un taller sobre manejo de conflicto en la Iglesia local.

10. **¡Ore!:** Ore a Dios pidiendo que le revele una nueva visión que renueve su congregación y su ministerio. ¡Y el Señor añadirá cada día los que han de ser salvos! (Hechos 2.47)

TERCERA PARTE

ASPECTOS **TEOLÓGICOS Y PASTORALES** DEL LIDERAZGO

9 | LOS «*NO LUGARES*»

Una mujer sale de su oficina. Se detiene en un «cajero automático» para obtener dinero en efectivo. Toma un taxi. Llega al aeropuerto donde, después de una merienda en la plazoleta donde están los restaurantes de comida rápida (el «food court»), aborda un avión. Tras dos horas de viaje, llega a su destino, toma un taxi y se instala en un hotel. Esa noche, en lo que llega la mañana cuando tendrá que ir a trabajar, la acompaña la televisión.

Espacios del anonimato

Las actividades que hemos descrito en el párrafo anterior se han vuelto cotidianas. Nos hemos acostumbrado a vivir en espacios anónimos, que precisan intercambios mínimos con los demás. Con sólo decir «al aeropuerto, por favor», «¿cuánto es?» y «muchas gracias» podemos llegar en taxi a nuestro destino. Frases como «un número cuatro, por favor», nos aseguran que tendremos una comida rápida. En estos casos, las relaciones interpersonales se minimizan. Ni siquiera necesitamos preguntar el nombre de quien nos atiende, ya que el taxista tiene colgado en el auto un permiso con su foto y la empleada de la aerolínea tiene un gáfete o «name tag». En el caso del cajero automático, la otra persona sencillamente desaparece. La máquina nos saluda, nos facilita las transacciones y nos da las gracias por nuestra «visita».

Estos espacios anónimos se siguen multiplicando en nuestra sociedad. De alguna manera, sustituyen a otros espacios donde las relaciones personales eran centrales. Antes conocíamos a quienes nos atendían en los comercios porque formábamos parte de la misma comunidad. Ahora no necesitamos conocer a nadie. Antes conocíamos al carnicero del barrio. Ahora vamos al centro comercial o «mall» estacionamos el auto, entramos en el supermercado, compramos un pedazo de carne que ya está empaquetado, vamos a la caja, respondemos con un «bien, gracias» al saludo forzado de la cajera, salimos de la tienda, nos subimos al auto y regresamos a nuestro hogar.

Lo triste es que estamos solos. Estamos profundamente solos en medio de la muchedumbre. Pueden haber 300 personas en el supermercado, pero no hay sentido alguno de comunidad. Quizás alguien rompa el silencio, hablando con nosotros por un corto rato. Pero pronto la prisa se impone y volvemos a encerrarnos en nuestra soledad. Estamos tan solos que algunas de las personas que nos parecen más conocidas son perfectas extrañas. La televisión nos ofrece una gran variedad de reporteros, animadores y actores «agradecidos por recibirlos en nuestras casas»; personas que en la vida real no nos conocen y que no tienen la mínima intención de visitarnos. Las «relaciones parasociales» son fantasías producidas por los medios de comunicación masiva que nos llevan a ver las celebridades como nuestras «amigas» o «compañeras». Nos acompañan en San Juan o en Buenos Aires; en Bogotá o en Miami.

La contribución de Marc Augé[11]

El antropólogo francés Marc Augé ha acuñado una frase muy descriptiva para referirse a estos espacios del anonimato donde la gente está efectivamente sola a pesar de las personas que le rodean. Augé llama a estos espacios los «no-lugares». A pesar de ser espacios reales no son «lugares» porque no hay interacciones significativas con otras personas; porque nos permiten cargar a cuestas nuestra propia soledad sin que nadie nos moleste.

Quizás el ejemplo más gráfico de un «no-lugar» es el espacio cibernético de las computadoras y los teléfonos

---

[11] Marc Augé, *Los «no lugares»: Espacios del anonimato*, Buenos Aires: Editorial Gedisa, 1996.

móviles. El correo electrónico («e-mail») nos permite intercambiar información sin tener contacto «real» con otras personas. Esto, unido a las gráficas que ofrecen las páginas matrices («web pages») y las redes sociales, nos permiten tener el desarrollo de relaciones interpersonales «virtuales» con personas que, en realidad, no conocemos. Creo que la máxima expresión de soledad cibernética es el «sexo virtual», ya que hay cientos de miles de personas que hoy prefieren acariciar el plástico de un teclado («keyboard») o la pantalla táctil de un teléfono móvil a acariciar la piel de otra persona.

La lectura de los trabajos de Augé me ha llevado a preguntarme hasta qué punto la iglesia contemporánea continúa siendo un «lugar» de encuentro para la comunidad. No cabe duda que en el pasado la iglesia hispanoamericana ha sido un espacio de encuentro donde la gente se conocía, compartía el mensaje del evangelio, y trabajaba unida para implantar programas, tejiendo así relaciones interpersonales complejas y profundas. De hecho, podemos decir que la iglesia es quizás el único espacio donde todavía la gente se encuentra para cantar, estudiar, orar y aprender en comunidad.

Sin embargo, no podemos negar que está surgiendo otro modelo de congregación: La «mega-Iglesia». Estas congregaciones emplean principios de mercadeo para orientar su práctica ministerial. A pesar del activismo que despliegan, las personas que visitan este tipo de congregaciones están profundamente solas antes, durante y después del culto. En cierto sentido, las «mega-Iglesias» presentan las mismas categorías de los «no-lugares» que definimos anteriormente. ¿Cómo podremos llamar a estas congregaciones? ¿Qué nombre sería adecuado para caracterizarlas? Si seguimos la lógica de los trabajos de Augé--a falta de otro nombre más adecuado--podríamos llamarlas «no-iglesias».

Quizás esto parezca un tanto extremo, ya que no podemos negar que hasta en las congregaciones más gigantescas e impersonales hay grupos pequeños que cultivan relaciones interpersonales profundas. Del mismo modo, reconocemos que hasta en las iglesias de comunidad más efectivas hay feligreses que se sienten solos, pues nunca logran integrarse a la dinámica congregacional. No obstante, hay un factor que nos impide llamar «Iglesias» a las congregaciones impersonales: Que tratan a la feligresía como «clientes», es decir, como segmentos de un «mercado» y no como una comunidad. Aspiran a ser congregaciones urbanas que sirvan primordialmente a las capas media-alta y alta de la sociedad. Su «mercado» principal son las personas profesionales, los negociantes, los industriales y las celebridades. Por eso ofrecen un ambiente muy parecido al de un centro comercial, al de un «mall» o al de una empresa de servicios; ambiente caracterizado por la alta eficiencia de transacciones que--a pesar de la cortesía de quienes ofrecen los servicios--son profundamente impersonales. Por eso también el culto parece un «espectáculo», un «show».

Conclusión

Estas son, pues, las líneas de batalla. Tenemos que escoger una de ellas. Por un lado, tenemos la opción de pertenecer a una congregación que aspire a ser una verdadera comunidad cristiana donde la presencia de Cristo se encarne en las relaciones fraternales de su feligresía. Por otro lado, podemos visitar una congregación impersonal donde la gente esté efectivamente sola a pesar de estar rodeadas de una multitud. Escoja usted: El Evangelio del reino o el falso evangelio de la soledad.

10
LIDERAZGO
Y SOLEDAD

La soledad es una constante en la vida de quienes ocupan posiciones de liderazgo. A pesar de que los y las líderes viven rodeados de personas, algunas funciones sólo pueden llevarse a cabo en soledad.

El liderazgo requiere meditación, análisis y ponderación. Si bien hay tiempos de estar al frente de un grupo, marchando, hablando u orientando, también hay tiempos de estar a solas con la conciencia. Ser líder requiere integridad y la integridad requiere auto-examen.

El problema es que la vida no se detiene. En ocasiones, quien es líder necesita retirarse a reflexionar, pero los desafíos que enfrenta le llaman a estar al frente del pueblo y a cumplir con su labor. Cuando eso pasa, los líderes se agotan, pierden perspectiva y pierden efectividad.

Jesús en solitario

La Biblia contiene innumerables historias de líderes religiosos quienes sirvieron a Dios en tiempos de crisis, tanto personales como nacionales. Pudiéramos ilustrar la soledad del liderazgo con episodios de la vida de Moisés, de David, o de Elías, entre muchos otros.

Sin embargo, Jesús es nuestro modelo de liderazgo por excelencia. Por eso, hoy ilustraremos la soledad del liderazgo con un episodio de la vida de Jesús.

Lucas 9.51 es uno de los textos más importantes del Evangelio según San Lucas. Este pasaje habla sobre la decisión más difícil que Jesús jamás tomó. El Maestro Galileo entendía que tenía una misión muy especial que cumplir; una misión que le había sido dada por Dios. La misión requería viajar a Jerusalén, la capital de Judea, para enfrentar a las autoridades políticas y religiosas. Jesús debía desenmascarar a los líderes falsos que oprimían y mataban al pueblo. Empero, en el proceso de confrontación Jesús se jugaría la vida.

Aunque Lucas no narra el mucho tiempo que Jesús pasó a solas en el proceso de tomar la decisión de viajar a Jerusalén, el evangelio lo da a entender por medio de un recurso literario. Lucas cuenta que en tres ocasiones Jesús se retiró a orar por largo tiempo antes de tomar la decisión. Lucas 5.16 dice que Jesús se retiraba a «lugares desiertos» para orar. Lucas 6.46 cuenta que, en una ocasión, Jesús pasó toda una noche orando. Y Lucas 9.28 afirma que Jesús subió a orar con Pedro, Juan y Jacobo, su círculo más íntimo de líderes. Podemos inferir que Jesús se retiraba a orar constantemente porque estaba ponderando a solas la decisión de subir a Jerusalén.

Afirmó su rostro

Lucas 9.51 (RVR 1960) dice que Jesús «afirmó su rostro» para ir a Jerusalén. Esa es una frase hermosa, de alto contenido poético. Describe la valentía de Jesús, quien le dio cara a la situación con valor, con arrojo y con integridad.

Un punto que no debemos pasar por alto es que Jesús toma la decisión cuando «se cumplió el tiempo adecuado». Esto nos recuerda que en griego existen dos palabras para describir el tiempo: «Chronos» y «kairós». La primera se refiere al aspecto cuantitativo del tiempo, es decir, al tiempo que se mide. La segunda palabra, «kairós», se refiere al aspecto cualitativo del tiempo. Es decir, se refiere al momento oportuno para hacer algo.

Jesús decide subir a Jerusalén en el «kairós» divino; en el tiempo adecuado y en el momento oportuno señalado por Dios. Movido por la certeza de actuar en la plena voluntad de Dios, Jesús cancela todo otro compromiso y decide caminar a Jerusalén.

¿Qué habría de encontrar en Jerusalén? Allí encontraría muchos elementos contradictorios, tales como:

- La multitud que lo aclamaría con gozo, declarándolo «Hijo de David».

- El liderazgo religioso tradicional, que lo recibiría con desprecio y desdén.

- La guardia del templo, que lo arrestaría.

- El parlamento judío, conocido como el Sanedrín, quien lo juzgaría de manera ilegal.

- Y el liderazgo político y militar romano, quien lo juzgaría de manera sumaria y lo condenaría a muerte.

Como todo buen líder, Jesús intuía el terrible costo de su viaje a Jerusalén. Pero aún así, afirmó su rostro para ir a Jerusalén.

Las voces que distraen

No debemos perder de vista que, una vez tomada la decisión, toda una serie de personas se atravesaron en el camino de Jesús. Algunas lo hicieron de buena fe y otras con agendas ocultas, pero todas terminaron entorpeciendo la misión de Jesús de Nazaret.

El caso más escandaloso es el Juan y Jacobo quienes responden de manera desmedida a una situación incómoda. Jesús y sus discípulos fueron rechazados por habitantes de algunas aldeas samaritanas (vv. 52-53). Ofendidos, Juan y Jacobo tuvieron el siguiente intercambio con Jesús: «Señor, ¿quieres que mandemos que descienda fuego del cielo, como hizo Elías, y los consuma? Entonces, volviéndose él, los reprendió diciendo: Vosotros no sabéis de qué espíritu sois, porque el Hijo del hombre no ha venido para perder las almas de los hombres, sino para salvarlas. Y se fueron a otra aldea» (Lucas 9.54-56, RVR 1960).

Nótese que la pregunta de los discípulos denota ignorancia, pues desconocían el carácter de Jesús. Es evidente que Jesús nunca hubiera deseado la muerte de los samaritanos y es evidente que Jesús nunca hubiera usado el poder divino para la venganza. Sin embargo, Juan y Jacobo, airados por el rechazo de los samaritanos, le hacen perder el tiempo con una pregunta tonta.

También se aparecen en el camino otros hombres que se ofrecen a seguir a Jesús. El primero le dijo con gran entusiasmo: «Señor, te seguiré adondequiera que vayas» (9.57 RVR 1960). Podemos intuir que el hombre deseaba seguir a Jesús para alcanzar fama y fortuna, porque Jesús le hizo una advertencia solemne: «Las zorras tienen guaridas y las aves de los cielos nidos, pero el Hijo del hombre no tiene donde recostar la cabeza» (9.58 RVR 1960).

El segundo responde al llamado al discipulado diciendo: «Señor, déjame que primero vaya y entierre a mi padre» (9.59 RVR 1960). Con esto quería decir que dedicarse a cuidar de sus padres—quienes probablemente no estaban ni enfermos en el momento—antes de poder seguir a Jesús. Y Jesús responde a sus excusas, diciendo: «Deja que los muertos entierren a sus muertos; pero tú vete a anunciar el reino de Dios» (9.60 RVR 1960).

El tercero responde de manera similar al anterior, pues se ofrece a seguir a Jesús sólo después de atender sus responsabilidades familiares (9.61). Una vez más, Jesús responde con palabras duras, diciendo: «Ninguno que, habiendo puesto su mano en el arado, mira hacia atrás es apto para el reino de Dios» (9.62).

Conclusión

Estas historias nos enseñan una gran lección: En momentos de crisis, la fuente principal de inspiración para los líderes es la misión. Peligros siempre habrá, trayendo problemas a granel y voces que distraen.

En esos momentos críticos, sigamos el ejemplo de Jesús: Afirmemos nuestro rostro para cumplir la misión que Dios ha puesto en nuestras manos.

11 LIDERAZGO, **DISCIPULADO Y VISIÓN**

Vivimos en un mundo donde el liderazgo está en crisis. Carecemos de modelos efectivos de liderazgo, tanto a nivel político como social. En las redes sociales y en el campo político impera la palabra dura, el discurso polarizante y la tergiversación de la verdad. Hoy muchas personas confunden el ganar con ser líder. Quien gana amparado en la mentira, el odio y la violencia, en realidad, es un perdedor.

En parte, esto explica por qué hoy la gente tiende a sospechar de todas las instituciones, sean cívicas, políticas o religiosas. Esa perspectiva es aún más común entre las personas nacidas después del 1982, aquellas que pertenecen a lo que llamamos «las Generaciones del Milenio».

Esta crisis de liderazgo también se manifiesta en la Iglesia, que recibe críticas de aquellas personas que ven todas las instituciones con sospecha. Vemos manifestaciones de esa crisis tanto al nivel ministerial como al nivel denominacional. Por ejemplo, son muchas las personas jóvenes que desean entrar al ministerio, pero no desean trabajar con denominación alguna. Aunque hayan crecido como miembros de concilios o denominaciones reconocidas, prefieren establecer ministerios independientes o «no denominacionales».

En respuesta a esta crisis de liderazgo, propongo que vayamos a la Biblia, como Palabra de Dios, para buscar en ella perspectivas efectivas sobre liderazgo cristiano. En particular, sugiero que nos acerquemos al primer capítulo del libro de los Hechos de los Apóstoles, para comprender mejor lo que es el liderazgo pastoral.

Liderazgo y discipulado

Jesús de Nazaret estableció el modelo efectivo para el desarrollo de líderes: El discipulado.

Este modelo encuentra sus raíces en el ejemplo vivo de Jesús, quien llamó a hombres y a mujeres a seguirle con fe por los caminos de la vida. El discipulado cristiano encuentra su base en la práctica de Jesús.

Recordemos que un discípulo no es un alumno. Mientras un alumno toma clases en una escuela, el discípulo es una persona que aprende a los pies de un artesano o de un maestro, observando primero, haciendo varias tareas después, y finalmente convirtiéndose en maestro.

Tomemos, a manera de ejemplo, el caso de un aprendiz de zapatero. Si alguien en el mundo antiguo deseaba ser zapatero, no iba a una «escuela de zapatería» a estudiar la materia. Por el contrario, buscaba un maestro zapatero y le rogaba ser su aprendiz. El maestro le enseñaba poco a poco, permitiendo que el aprendiz viera como él hacía los zapatos. Eventualmente el aprendiz comenzaba a ayudar al zapatero en la confección de los artículos. Llegaría el momento en que el aprendiz haría zapatos solo, llevándolos ante el zapatero solo para su aprobación final. El proceso continuaría hasta que el zapatero le indicara al aprendiz que ya estaba listo para tener su propio taller.

El discipulado es un modelo de desarrollo de líderes donde una persona nueva en la fe aprende a vivir la vida cristiana por medio de una práctica de la fe, siguiendo el ejemplo vivo y el consejo de personas maduras espiritualmente. El discipulado implica que las personas maduras espiritualmente deben enseñar la fe a las personas recién llegadas a la comunidad cristiana. El testimonio de una vida de amor y servicio enseña al «neófito»—a la persona nueva en la fe—los rudimentos de una fe saludable y sanadora.

Por lo tanto, el discipulado es una cadena de liderazgo donde una persona aprende la fe con el propósito de enseñar la fe a nuevas generaciones que a su vez enseñarán la fe a futuras generaciones de creyentes.

Discipulado y visión

Jesús capacitó líderes a través de todo su ministerio. Pero el primer capítulo del libro de los Hechos de los Apóstoles enseña que Jesucristo, ya resucitado, ministró a sus discípulos por cerca de 40 días. Es decir, el Cristo Resucitado capacitó a sus discípulos aún después de su pasión y muerte, lo hizo en el poder del Espíritu Santo.

Como parte del proceso de capacitación, Jesús compartió una visión muy clara de lo que entendía debía ser el futuro de la iglesia. Jesús dice a sus discípulos que la voluntad de Dios para la comunidad cristiana es que reciba poder para testificar el mensaje del Evangelio «hasta lo último de la tierra» (Hechos 1.8).

Jesús recalca la conexión entre liderazgo y visión. Sin una visión clara, es imposible avanzar al futuro con sentido de dirección.

Pensemos, por un momento, en una persona que compra un pasaje para viajar en avión. Nadie va al aeropuerto y le dice al personal de la aerolínea «véndame un pasaje» a menos que sepa a dónde desea ir. Si usted no tiene claro el destino de su viaje, es imposible comprar un billete de avión.

Del mismo modo, la Iglesia necesita tener una visión clara del futuro al cual Dios le está llamando. Si no sabemos a dónde vamos, ¿cómo vamos a dirigir a los demás?

Conclusión

Esto explica por qué Dios llama a hombres y a mujeres de fe a ocupar posiciones de liderazgo y supervisión en la iglesia. La comunidad de fe necesita personas maduras espiritualmente que puedan servir como mentores en el proceso de discipulado. La Iglesia necesita que personas maduras en la fe que velen por el bienestar de la obra misionera.

* Dios llama a personas apasionadas con el evangelio.

* Jesús comparte con la iglesia su visión para el futuro

* Jesús capacita líderes en el poder del Espíritu Santo.

Aquellas personas que sentimos el llamado de Dios a servir en el ministerio tenemos un gran desafío por delante. Dios nos llama a vivir con integridad, creciendo en la fe constantemente y sirviendo como ejemplos vivos para las nuevas generaciones de creyentes que abrazan la fe de Jesucristo.

Pidámosle a Dios en oración que nos siga capacitando para ejercer el ministerio que entregado nuestras manos. Y pidámosle a Jesucristo, nuestro Señor, que siga compartiendo con nosotros su visión para el futuro de la iglesia, en el poder del Espíritu Santo.

12 | *EL LIDERAZGO,* **EXPLICADO A LA NIÑEZ**

En el 1999, cuando mi hija mayor tenía dos años, yo acepté un nombramiento como *Pastor Nacional para Ministerios Hispanos de la Iglesia Cristiana (Discípulos de Cristo) en los Estados Unidos y Canadá*. Esto cambió nuestras vidas. Por seis años serví en un puesto que me obligaba a viajar más de tres meses de cada año, trabajando largas horas casi todos los días.

Mi primer evento como Pastor Nacional electo fue oficiar la Cena del Señor—el ritual que otras confesiones cristianas llaman la Santa Eucaristía o la Santa Comunión—en una asamblea donde había más de 4,000 delegados y delegadas presentes. Mi hija estaba allí, observando este evento tan extraordinario.

Mi hija, quien siempre ha sido observadora e inquisitiva, pronto comenzó a preguntarme detalles sobre mi trabajo. Al principio eran preguntas sencillas: «¿Dónde estabas?

¿Cómo se llamaba el hotel? ¿Cuál era el color del auto que alquilaste?». Pero pronto, sus preguntas se volvieron mucho más complejas: «¿Por qué viene tanta gente a casa? ¿Por qué viajas tanto? ¿Por qué hablas ante tanta gente?».

Como mi hija no podía comprender mi título oficial, traté de contestar sus preguntas con palabras que ella conocía, pues eran de uso común en la escuelita maternal a la que asistía dos veces a la semana. «Yo soy el líder», respondí. «Viajo para visitar pastores e iglesias. Me invitan a hablar porque yo soy el líder».

Claro está, en lugar de calmar sus inquietudes, mis respuestas sólo incitaron más preguntas: «¿La gente siempre tiene que hacer todo lo que tú dices?». «No», le respondí. «Los líderes no viven para mandar, sino para servir». Mi respuesta sacudió a Paola. En su mente infantil, ella pensaba que los líderes vivían para ser servidos, como los príncipes y las princesas de la televisión. La idea de dirigir para servir a los demás era novedosa.

Tuve que explicarle que nuestro modelo de liderazgo era Jesús de Nazaret, quien vivió para servir, no para ser servido. Tuve que explicarle que el liderazgo no trae fama y fortuna. Tuve que explicarle que el liderazgo—en la perspectiva cristiana—era muy distinto al de los reyes que abundan en las películas infantiles.

Lo más difícil fue explicarle que el liderazgo no es hereditario. El que yo fuera líder no implicaba que ella era la heredera al trono. «Yo soy líder por un tiempo, pero en algún momento le tocará a otra persona el turno de ser líder. Quizás en el futuro tú serás líder, pero tendrás que ganártelo trabajando», expliqué. Esta fue la respuesta más dolorosa para mi hija, pues implicaba que ella no era una princesita.

Paola también aprendió que el liderazgo implica dolor. Muchas veces me vio triste, pensativo o enojado. En ocasiones, tuve que explicarle que viajaba para participar en un entierro, para ayudar a una persona en crisis o para orientar a una congregación a lidiar con algún problema.

En febrero del 2005, Paola tenía una actividad especial de las Niñas Escuchas. Mi familia me había pedido que separara la fecha con tres meses de antelación. Sin embargo, esa misma semana se desató una amarga crisis en una congregación y tuve que viajar para mediar en el conflicto. Mi hija se sintió triste y mi familia defraudada. Esa fue la gota que colmó la copa. Pocos meses después renuncié para tomar un ministerio que me permitiera pasar más tiempo en casa. «Ya no voy a ser el líder; ahora le toca el turno a otra persona», le dije a Paola. «OK», contestó. Nuestras conversaciones sobre el significado y las características del liderazgo habían dado fruto. Había aprendido que los líderes verdaderos no se aferran al liderazgo.

Hace unos años me preguntó: «¿Cuál es tu meta en la vida?». Yo la miré y, después de pensarlo un poco, le respondí: «Bendecir a la mayor cantidad de personas que pueda antes de morir»» Paola sonrió y me dijo: «Esa es una buena filosofía de vida».

Explicarle a mi hija el significado y los principios del liderazgo me ayudó a pensar sobre el tema y a clarificar mis valores. En nuestro proceso de diálogo, yo he sido tanto su alumno como su maestro. Eso me da esperanza, pues si una niña puede aprender el significado del liderazgo verdadero, quizás quienes servimos como líderes políticos, cívicos y religiosos podemos aprenderlo también.

13

EPÍLOGO:
ÉXITO Y
FIDELIDAD

Serían como las 2:00 p.m. Había salido unos 10 minutos antes de la *Academia Discípulos de Cristo* en la Urb. Montañez de Bayamón, Puerto Rico. Caminaba a mi casa; caminaba por necesidad. Mi madre estaba enferma, más bien, estaba muriendo. El dinero escaseaba. Mi presupuesto diario para ir a la escuela era de 35¢, suma que gastaba en la mañana cuando tomaba el transporte público desde un comercio llamado «Bates» hasta la intersección de la avenida Santa Juanita con la Carretera 174. Por eso caminaba a casa en la tarde; por eso no comía cosa alguna en la Academia.

El picante sol de primavera nos instó a entrar al *Kentucky Fried Chicken* del *Victory Shopping Center* para tomar agua. Digo «nos» porque no caminaba solo. Me acompañaba mi buen amigo, Benny Guevara. Yo caminaba por necesidad; él caminaba para que yo no caminara solo.

Al entrar al *Kentucky* encontré a un primo de mi mamá, quien era el «evangélico» ejemplar de mi familia. Con su pantalón negro, su camisa blanca y su corbata oscura, este hombre era la viva estampa de la santidad pentecostal. Un hombre de mirada serena y de hablar pausado, era el único creyente a quien mi familia materna respetaba.

No recuerdo qué hacía aquel familiar por aquellos lares. La mente me traiciona. Quizás estaba visitando a mi madre enferma. No sé. Lo que nunca olvidaré es que no me invitó a comer.

Yo no comía desde la tarde anterior cuando Edwin, mi padre de crianza, me había comprado una hamburguesa...y no comería nada más hasta que me comprara otra. Por eso el pollo, el pan y las papas fritas me parecieron más suculentas que nunca. Pero el tan esperado «¿Gustas?» nunca llegó.

Han pasado más de 40 años desde aquel episodio. Ahora rara vez visito un *Kentucky Fried Chicken*. No voy por dos razones. Por un lado, no puedo. Las hambres terribles que pasé ese fatídico año de 1975 me afectaron el estómago: Hay ciertos alimentos que no me caen bien. Por otro lado, no quiero. No quiero porque cada vez que entro a un *Kentucky* me parece ver a un mozalbete sudado y hambriento esperando la pregunta ausente: «¿Gustas?».

Hoy puedo darme el lujo de no comer pollo frito. Sí, porque poder decidir lo que uno va a comer es un lujo. Un lujo logrado con mucho estudio, con mucho trabajo, con mucho esfuerzo.

Hoy los papeles se han invertido. Ahora yo soy el evangélico más «famoso» de mi familia. Ahora soy yo el que puedo estar sentado frente a una mesa abundante, refrescado por un acondicionador de aire. Eso implica que quien hoy corre el peligro de «comer pan delante de los pobres» soy yo.

Ahora el que corre el peligro de pecar de esa manera soy yo. Digo «pecar» porque comer pan delante de los pobres es pecado. Porque pavonear los lujos adquiridos ante quienes carecen de los elementos básicos para vivir es una falta de respeto al prójimo y al Dios que nos creó.

Comer pan delante de los pobres es pecado. Lo implica Pablo cuando condena al que «se adelanta para tomar su propia cena» dejando a los demás con hambre (I Corintios 11.21 RVR 1960). Lo implica Santiago cuando afirma que quienes le dicen al necesitado «Id en paz, calentaos y saciaos» pero no les dan «las cosas que son necesarias para el cuerpo» tienen una fe muerta (Santiago 2.14-16 RVR 1960). Lo dice explícitamente I Juan 3.17-18 (RVR 1960): «Pero el que tiene bienes de este mundo y ve a su hermano tener necesidad, y cierra contra él su corazón, ¿cómo mora el amor de Dios en él? Hijitos, no nos amemos de palabra ni de lengua, sino de hecho y en verdad.»

> *Hace años yo era el hambriento;*
>
> *hoy soy el saciado.*
>
> *Hace años yo era el pobre;*
>
> *hoy vivo como un rico.*
>
> *Hace años yo envidiaba;*
>
> *hoy soy el envidiado.*
>
> *Hace años yo era la víctima;*
>
> *hoy soy el victimario.*

Soy el victimario potencial y pertenezco a una Iglesia que corre el mismo peligro. Del mismo modo en que yo pude escapar de la pobreza en que me dejó la orfandad, la Iglesia Latina en los Estados Unidos ha superado su pobreza inicial. Las iglesias que antes apenas recogían unas cuantas monedas en las ofrendas, hoy recogen millones de dólares. La Iglesia hispana y bilingüe ha tenido «éxito».

Eso es lo que me hace recordar la frase que el Rev. Roberto A. Rivera, pasado *presidente de la Asociación para la Educación Teológica Hispana* (AETH), me enseñó hace varios años. Una frase que me ha obligado a reexaminar toda mi vida: «Dios no nos ha llamado a tener éxito; nos ha llamado a ser fieles.» Sus palabras saben a verdad. Yo he tenido cierto «éxito» en mi carrera ministerial. Ahora bien, ¿he sido fiel? Esa es la pregunta clave.

Éxito y fidelidad. Quizás lo primero ha venido a expensas de lo segundo. Quizás he estado tan ocupado trabajando para Dios que he olvidado estar con Dios. Quizás tengo que volver a convertirme. O lo que es mejor, tengo que volver a la práctica de la fe que me enseñaron Doña Rafa, desde su lecho de enferma; Don Ciro, en la *Iglesia Cristiana (Discípulos de Cristo)* en Juan Sánchez; y Doña Cristina, en Sonadora. Y junto conmigo, quizás todas nuestras Iglesias deben volver a la senda antigua trazada por la larga lista de heroínas y héroes de la fe que nos enseñaron con su ejemplo que el único «éxito» que agrada a Dios es aquel que nace de la fidelidad.

Quiera Dios bendecirnos. Quiera Dios enseñarnos a vivir con sencillez, en humildad, y en solidaridad con las personas necesitadas. Quiera Dios librarnos de la seducción del lujo y del exceso al que nos invita la sociedad de consumo. Quiera Dios hacernos sensibles a las miradas de aquellos que admiran lo mucho que tenemos rogando escuchar la ansiada pregunta: «¿Gustas?»

BIBLIOGRAFÍA

Bibliografía sobre Liderazgo Cristiano

Bandy, Thomas G. *Desechando hábitos: Ayuda para las iglesias adictas.* Nashville: Abingdon Press, 2003. ISBN: 0687025974

Banks, Robert & Bernice M. Ledbetter. *Las dimensiones del líder: Su influencia e importancia en el mundo de hoy.* Buenos Aires: Peniel, 2008. ISBN: 9875572039

Barna, George. *El poder de la visión.* Buenos Aires: Peniel, 2002. ISBN: 9879038797

Blackaby, Henry & Richard Blackaby. *Liderazgo espiritual: Cómo movilizar a las personas hacia el propósito de Dios.* Nashville: B & H en Español, 2016. ASIN: B0773D-LWJB

Blanchard, Ken & Phil Hodges. *Un líder como Jesús.* Nashville: Grupo Nelson, 2006. ISDN: 9780881139976

Chand, Samuel R. *Liderazgo acelerado: Lecciones para un crecimiento máximo y veloz.* New Kensington, PA: Whitaker House en Español, 2017. ISBN: 9781629119748

Covey, Stephen R. *Los 7 hábitos de la gente altamente efectiva*. Barcelona: Paidós, 2009. ASIN: B01458ZPMU

De León, Jeffrey & Joel Van Dyke, *Ofensivo y escandaloso: Liderazgo para el nuevo siglo*. Nashville: Grupo Nelson, 2007. ISBN: 9781602551534

Escobar, Mario. *La soledad del liderazgo: Cómo afrontar y vencer el aislamiento*. Nashville: Grupo Nelson, 2014. ISBN: 9780529109774

Finzel, Hans. *Líderes competentes*. Puebla: Ediciones Las Américas, 2002. ISBN: 9686529918

Ford, Leighton. *Liderazgo de transformación*. Buenos Aires: Peniel, 2010. ISBN: 9875572691

González, Justo L. *Los mentores como instrumentos del llamado de Dios: Reflexiones bíblicas*. Nashville: Junta General de Educación Superior y Ministerios de la Iglesia Metodista Unida, 2009. ISBN: 9780938162797

Grün, Anselm & Friedrich Assländer. *Liderazgo: Un enfoque espiritual*. Buenos Aires: Lumen, 2009. ISBN: 9789870008347

Hybels, Bill. *Liderazgo audaz*. Miami: Editorial Vida, 2013. ASIN: B00DQUAYWK

Lays, Lucas. *El mejor líder de la historia.* New York: Harper Collins, 2015. ASIN: B016LD5UOU

_____. *Liderazgo generacional.* Dallas: Amazon Digital Services, 2017. ISBN: 9781946707048

Martínez, Juan & Mark Branson. *Iglesias, culturas y liderazgo: Una teología práctica para congregaciones y etnias.* Miami: Editorial Vida, 2013. ASIN: B008EGREMO

Maxwell, John C. *Las 21 leyes irrefutables del liderazgo.* Nashville: Grupo Nelson, 2007. ASIN: B003DESKNY

Maxwell, John C. *Liderazgo 101.* Nashville: Grupo Nelson, 2012. ASIN: B00803JMSU

_____. *Mentor 101.* Nashville: Grupo Nelson, 2008. ASIN: B006H9FBFM

Polischuk, Pablo. *Poniendo los puntos sobre las íes: Consideraciones acerca del liderazgo de grupos.* Miami: Editorial Vida: 1998. ISBN: 0829735089

Rodríguez, José D. *La vocación,* en la Serie Ministerio. Nasville: Abingdon Press, 2009. ISBN: 0687465095

Stanley, Andy. *Amplio y profundo: Edificando Iglesias de las que todos quisieran ser parte.* Miami: Editorial Vida, 2013. ISBN: 0829765409

_____. *El líder de la próxima generación.* Miami: Editorial UNILIT, 2004. ISBN: 0789911493

Stanley, Andy, Reggie Joiner & Lane Jones. *7 Prácticas efectivas del liderazgo.* Buenos Aires: Peniel, 2006. ISBN: 9875571008

Stanley, Andy. *Una visión contagiosa.* Miami: Editorial Vida, 2013. ASIN: B00DG4JD32

Stott, John R.W. *Desafíos del Liderazgo Cristiano.* Buenos Aires: Certeza Argentina, 2002. ISBN: 9506830592

Segura, Harold. *Más allá de la utopía: Liderazgo de servicio y espiritualidad cristiana.* Buenos Aires: Ediciones Kairós, 2010. ISBN: 9789871355334

Vieira, Vicente. *Liderazgo verdadero.* El Paso: Editorial Mundo Hispano, 2010. ISBN: 9780311461974

Warren, Rick. *Liderazgo con propósito: Lecciones de liderazgo basadas en Nehemías.* Miami: Editorial Vida, 2005. ASIN: B003WE9ZLQ

Webb, Keith E. *El modelo «Coach» para líderes cristianos.* Miami: Editorial Vida, 2014. ISBN: 9780829765816

CONTACTOS

Sobre el autor

El Dr. *Pablo A. Jiménez Rojas* es un ministro protestante, autor de varios libros, que ha enseñado en varias escuelas teológicas tanto en los Estados Unidos como en América Latina.

Para más información sobre su ministerio, visite **www.drpablojimenez.com** y busque el *podcast Prediquemos* en su aplicación de podcast preferida o visitando **www.prediquemos.com**

Otros libros del Dr. Jiménez son:

El ABC de la predicación
Principios de predicación
La predicación en el Siglo XXI
Principios de Educación Cristiana

FIN

Visite

www.drpablojimenez.com

Visite

www.rededucativagenesaret.com

Escuche el podcast **Prediquemos**

www.prediquemos.com